Impressum
Verlag: BABADADA GmbH, Nedderfeld 112 , 22529 Hamburg
Geschäftsführer / Verlagsleitung: Harald Hof
Druck: Books on Demand GmbH, In de Tarpen 42, 22848 Norderstedt

Imprint
Publisher: BABADADA GmbH, Nedderfeld 112 , 22529 Hamburg, Germany
Managing Director / Publishing direction: Harald Hof
Print: Books on Demand GmbH, In de Tarpen 42, 22848 Norderstedt, Germany

kool

sekolah

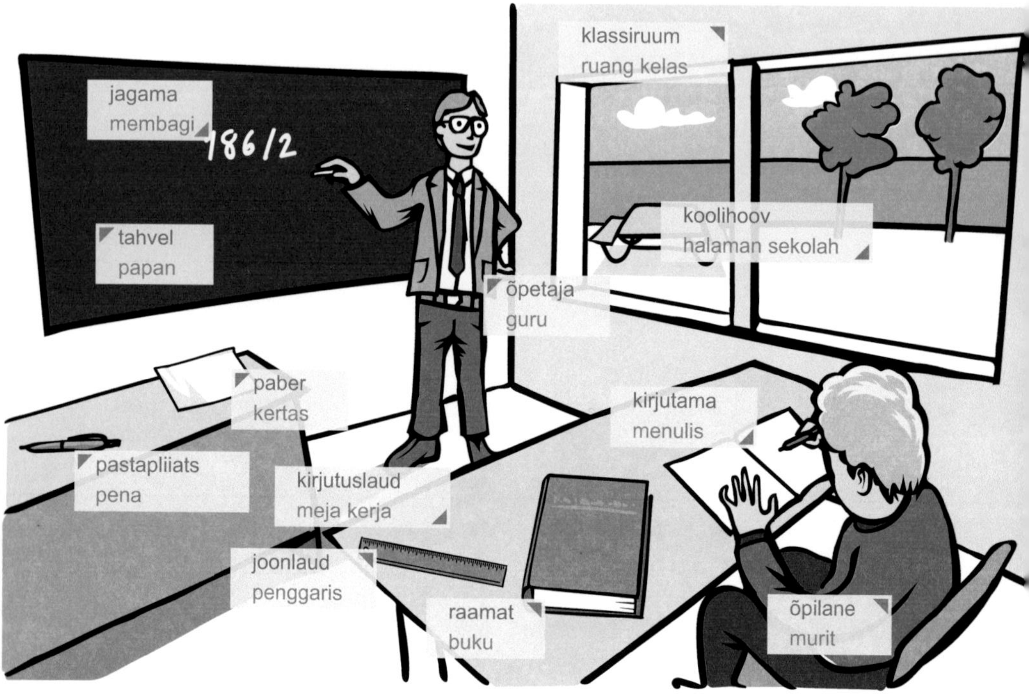

klassiruum
ruang kelas
jagama
membagi
186/2
tahvel
papan
koolihoov
halaman sekolah
õpetaja
guru
paber
kertas
kirjutama
menulis
pastapliiats
pena
kirjutuslaud
meja kerja
joonlaud
penggaris
raamat
buku
õpilane
murit

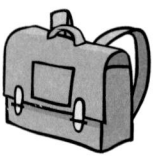

koolikott

tas sekolah

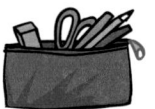

pinal

tempat pensil

harilik pliiats

pensil

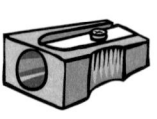

pliiatsiteritaja

pengasah pensil

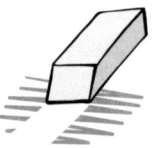

kustukumm

penghapus

joonistusplokk

kertas gambar

joonistus

gambar

pintsel

kuas

värvikarp

kotak cat

käärid

gunting

liim

lem

töövihik

buku latihan

kodutöö

pekerjaan rumah

number

angka

liitma

tambhakan

lahutama

mengurangi

korrutama

mengalikan

arvutama

menghitung

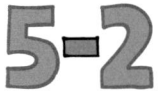

täht

huruf

tähestik

alfabet

sõna

kata

tekst

teks

lugema

membaca

kriit

kapur

koolitund

pelajaran

klassipäevik

daftar

eksam

ujian

tunnistus

sertifikat

koolivorm

seragam sekolah

haridus

pendidikan

entsüklopeedia

ensiklopedi

ülikool

universitas

mikroskoop

mikroskop

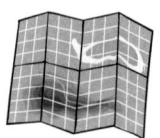

kaart

peta

paberikorv

tempat sampah

reisimine
perjalanan

hotell
hotel
Grand
hostel
hostel
ROOMS
EXCHANGE
valuutavahetuspunkt
kantor pertukaran mata uang
kohver
koper
auto
mobil

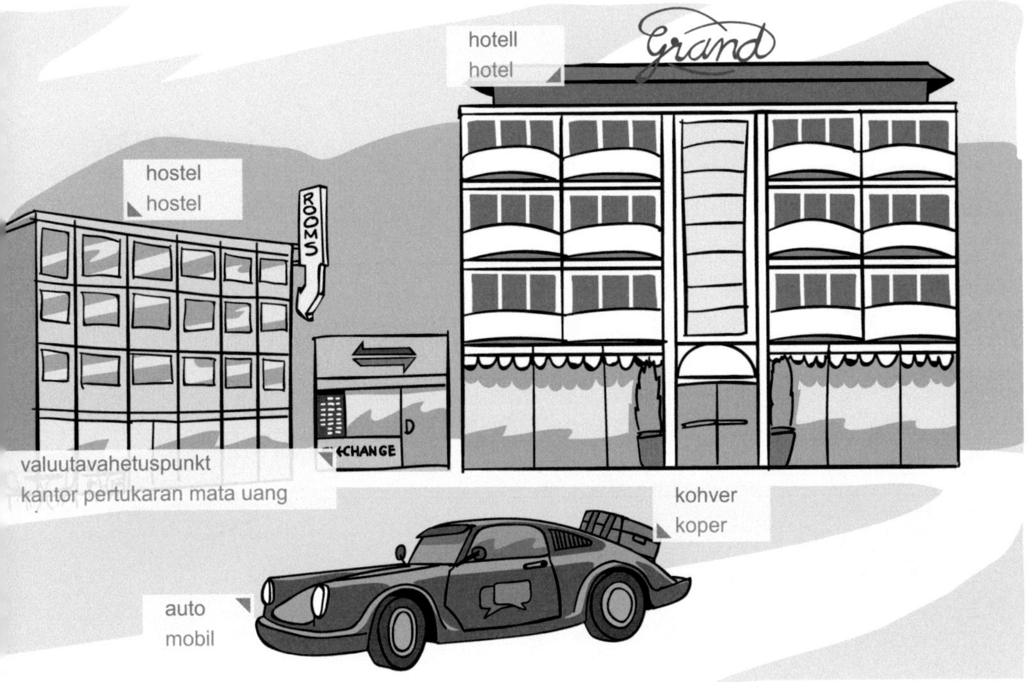

keel
bahasa

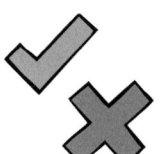

jah / ei
ya / tidak

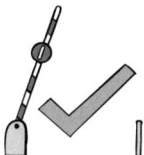

okei
okay

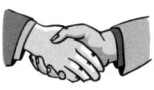

Tere!
hallo

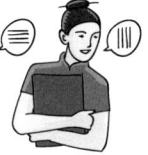

tõlk
penerjemah

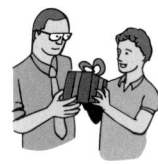

Aitäh!
terima kasih

Kui palju maksab …?

Berapa harganya…?

Ma ei saa aru

saya tidak mengerti

probleem

masalah

Tere õhtust!

Selamat malam!

Tere hommikust!

Selamat siang!

Head ööd!

Selamat tidur!

Head aega!

sampai jumpa

suund

arah

pagas

bagasi

kott

tas

seljakott

ransel

külaline

tamu

tuba

ruang

magamiskott

kantong tidur

telk

tenda

turismiinfo

informasi wisata

rand

pantai

krediitkaart

kartu kredit

hommikusöök

sarapan

lõunasöök

makan siang

õhtusöök

makan malam

pilet

tiket

lift

elevator

postmark

perangko

riigipiir

perbatasan

toll

cukai

saatkond

kedutaan

viisa

visa

pass

paspor

transport

transportasi

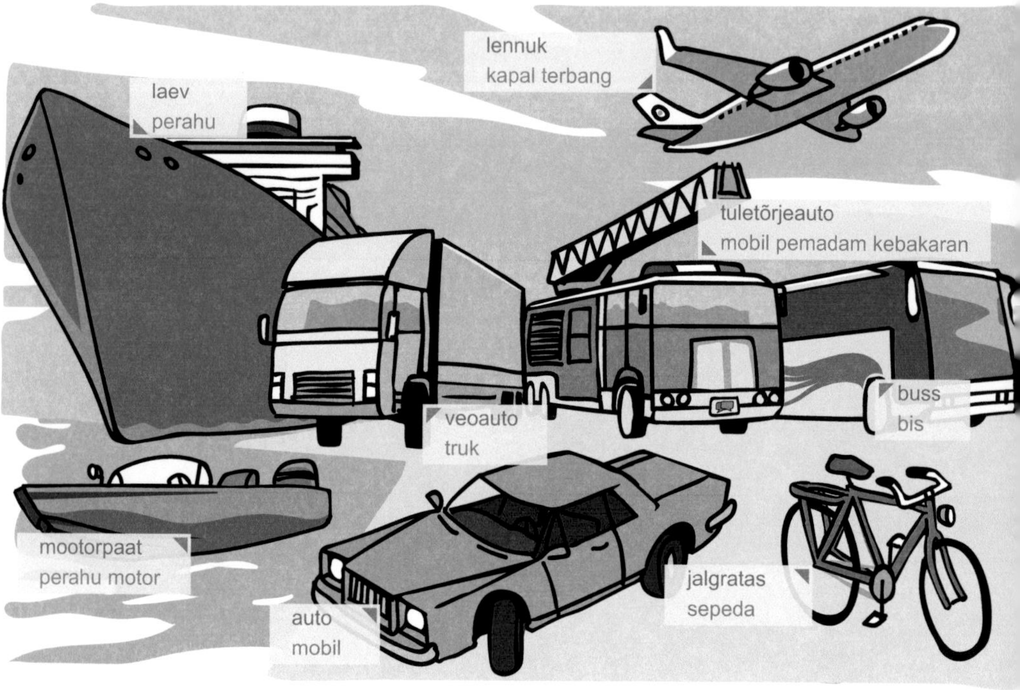

lennuk
kapal terbang
laev
perahu
tuletõrjeauto
mobil pemadam kebakaran
veoauto
truk
buss
bis
mootorpaat
perahu motor
jalgratas
sepeda
auto
mobil

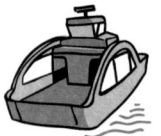

praam

feri

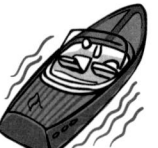

paat

perahu

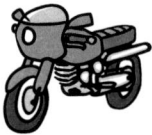

mootorratas

sepeda motor

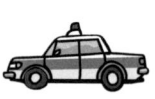

politseiauto

mobil polisi

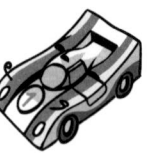

võidusõiduauto

mobil balapan

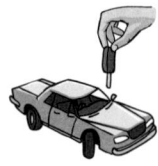

rendiauto

mobil sewa

ühisauto

berbagi mobil

puksiirauto

truk derek

prügiauto

truk sampah

mootor

motor

kütus

bahan bakar

tankla

bensin

liiklusmärk

tanda lalulintas

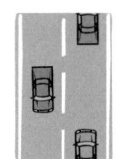

liiklus

lalulintas

liiklusummik

macet

parkla

parkir mobil

raudteejaam

stasiun kereta

rööpad

trek

rong

kereta api

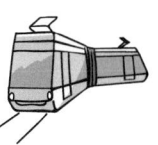

tramm

tram

vagun

gerobak

helikopter

helikopter

lennujaam

bendara

torn

menara

reisija

penumpang

konteiner

container

pappkast

karton

käru

troli

korv

keranjang

õhku tõusma / maanduma

berangkat / mendarat

linn
kota

küla

desa

kesklinn

pusat kota

maja

rumah

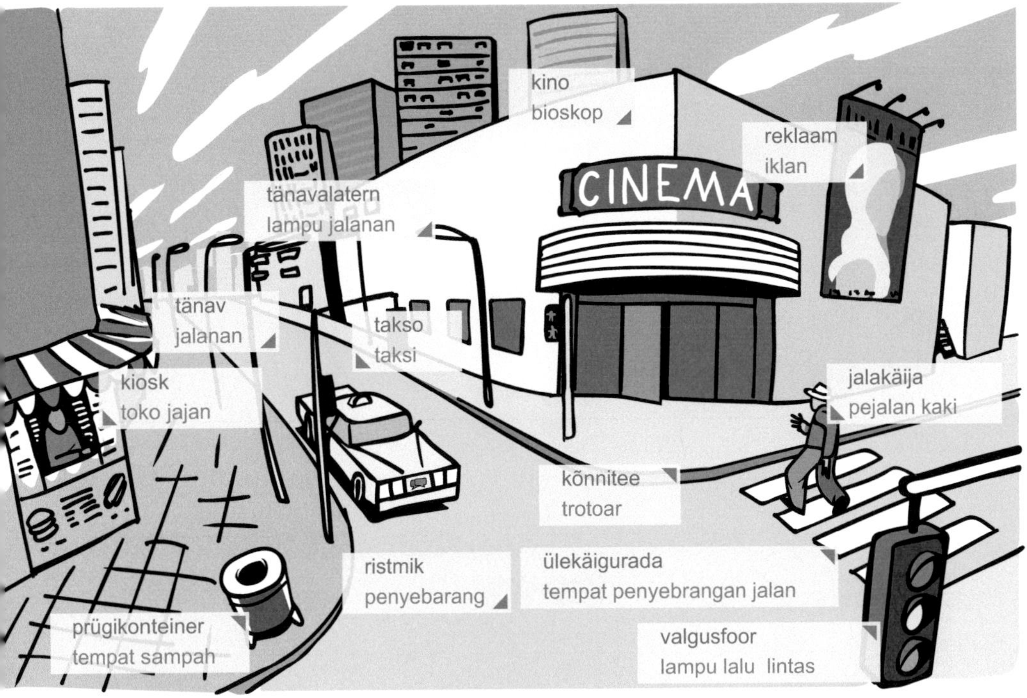

CINEMA
kino
bioskop
reklaam
iklan
tänavalatern
lampu jalanan
tänav
jalanan
takso
taksi
kiosk
toko jajan
jalakäija
pejalan kaki
kõnnitee
trotoar
ristmik
penyebarang
ülekäigurada
tempat penyebrangan jalan
prügikonteiner
tempat sampah
valgusfoor
lampu lalu lintas

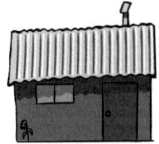

osmik

gubuk

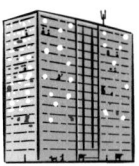

kortermaja

rumah flat

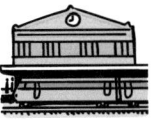

raudteejaam

stasiun kereta

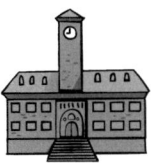

raekoda

balai kota

MUSEUM

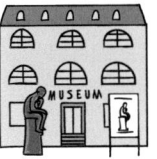

muuseum

museum

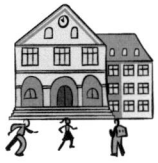

kool

sekolah

ülikool

universitas

pank

bank

haigla

rumah sakit

hotell

hotel

apteek

farmasi

kontor

kantor

raamatupood

toko buku

kauplus

toko

lillepood

toko bunga

supermarket

supermarket

turg

pasar

kaubamaja

toko serba ada

kalapood

nelayan

kaubanduskeskus

pusat belanja

sadam

pelabuhan

park

taman

pink

banku

sild

jembatan

trepp

tangga

metroo

kereta bawah tanah

tunnel

terowongan

bussipeatus

pemberhantian bis

baar

bar

restoran

restauran

postkast

kotak surat

tänavasilt

tanda jalan

parkimisautomaat

meteran parkir

loomaaed

kebun binatang

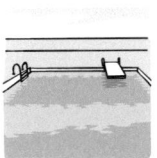

ujula

kolam renang

mošee

mesjid

talu
pertanian

reostus
polusi

surnuaed
kuburan

kirik
gereja

mänguväljak
tempat bermain

tempel
pura

maastik
pemandangan

leht
daun

teeviit
penunjuk arah

tee
jalanan

aas
padang rumput

kivi
batu

matkaja
pejalak kaki

puu
pohon

jõgi
sungai

rohi
rumput

lill
bunga

org
lembah

mägi
bukit

järv
danau

mets
hutan

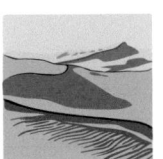

kõrb
padang gurun

vulkaan
gunung berapi

linnus
istana

vikerkaar
pelangi

seen
jamur

palm
pohon palem

sääsk
nyamuk

kärbes
lalat

sipelgas
semut

mesilane
lebah

ämblik
laba-laba

maastik - pemandangan

15

mardikas

kumbang

konn

kodok

orav

tupai

siil

landak

jänes

kelinci

öökull

burung hantu

lind

burung

luik

angsa

metssiga

babi jantan

hirv

rusa

põder

rusa

pais

bendungan

tuuleturbiin

turbin angin

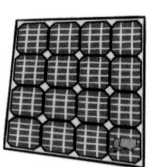

päikesepaneel

panel surya

kliima

iklim

maastik - pemandangan

restoran

restauran

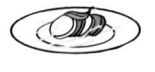

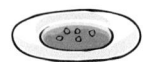

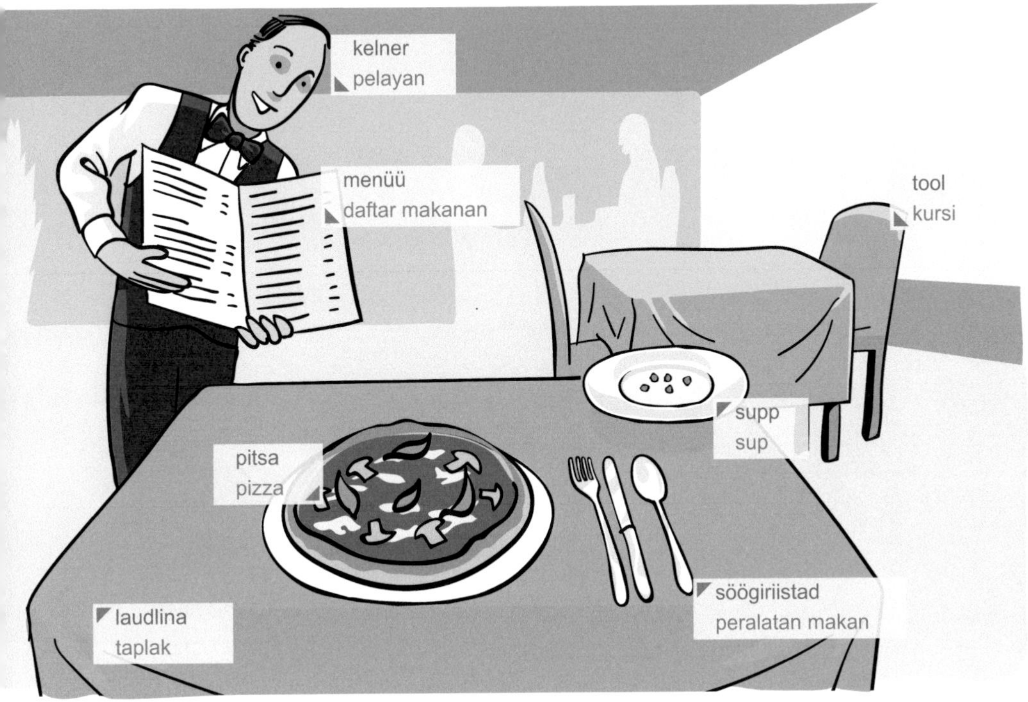
kelner
pelayan
menüü
daftar makanan
tool
kursi
supp
sup
pitsa
pizza
laudlina
taplak
söögiriistad
peralatan makan

eelroog

hindangan pembuka

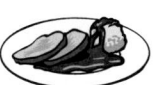

pearoog

hidangan utama

magustoit

hidangan penutup

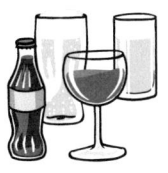

joogid

minuman

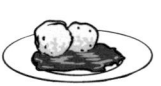

toit

makanan

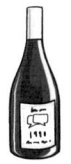

pudel

botol

kiirtoit

fastfood

tänavatoit

masakan jalanan

teekann

teko teh

suhkrutoos

kaleng gula

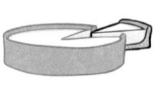

portsjon

porsi

espressomasin

mesin espresso

lastetool

kursi tinggi

arve

tagihan

kandik

baki

nuga

pisau

kahvel

garpu

lusikas

sendok

teelusikas

sendok teh

salvrätik

serbet

klaas

gelas

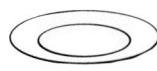

taldrik

piring

supitaldrik

piring sup

alustass

lepek

kaste

saus

soolatoos

tempat garam

pipraveski

gilingan merica

äädikas

cuka

õli

minyak

vürtsid

bumbu

ketšup

saus tomat

sinep

mustar

majonees

mayones

supermarket

supermarket

eripakkumine
penawaran khusus
FOR
klient
klien
piimatooted
produk susu
puuviljad
buah
ostukäru
troli

BUTCHERS

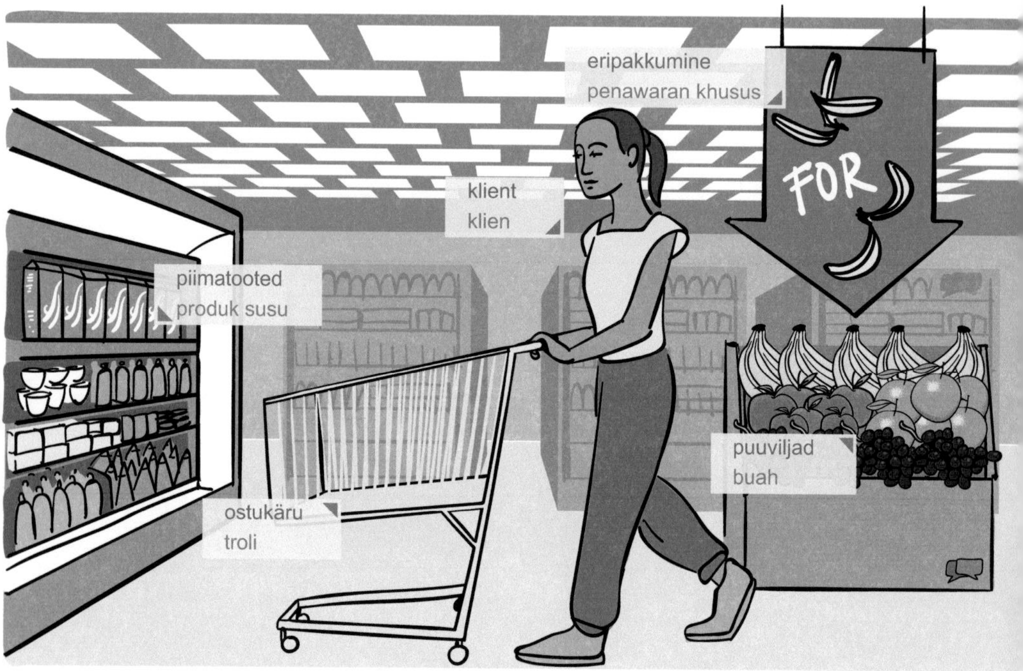

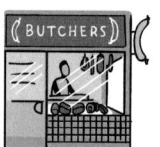

lihapood

pembantai

BAKERY

pagariäri

toko roti

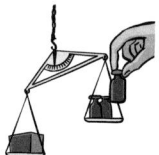

kaaluma

menimbang

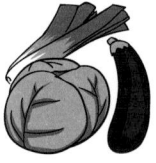

köögiviljad

sayur

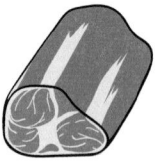

liha

daging

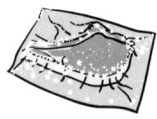

külmutatud toit

makanan beku

lihalõigud

pemotongan dingin

konservid

makanan kaleng

pesupulber

sabun serbuk

maiustused

permen

majatarbed

alat-alat rumah tangga

puhastustooted

obat pembersihan

müüja

penjual

kassaaparaat

kasa

kassapidaja

kasir

ostunimekiri

daftar belanja

lahtiolekuajad

jam buka

rahakott

dompet

krediitkaart

kartu kredit

kott

tas

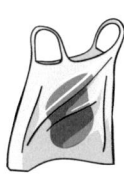

kilekott

kantong plastik

vesi

air

mahl

jus

piim

susu

koola

cola

vein

anggur

õlu

bir

alkohol

alkohol

kakao

coklat

tee

teh

kohv

kopi

espresso

espresso

cappuccino

cappucino

banaan

pisang

õun

apel

apelsin

jeruk

arbuus

semangka

sidrun

jeruk lemon

porgand

wortel

küüslauk

bawang putih

bambus

bambu

sibul

bawang bombai

seen

jamur

pähklid

kacang

nuudlid

mi

spagetid

spagetti

riis

nasi

salat

salat

friikartulid

kentang goreng

praekartulid

kentang goreng

pitsa

pizza

hamburger

hamburger

võileib

sandwich

šnitsel

sayatan

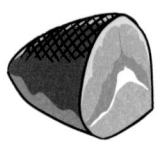

sink

ham

salaami

salami

vorst

sosis

kana

ayam

praeliha

menggoreng

kala

ikan

kaerahelbed

bubur gandum

müsli

sereal

maisihelbed

cornflakes

jahu

tepung

sarvesai

croissant

kukkel

roti

leib

roti

röstsai

toast

küpsised

biskuit

või

mentega

kohupiim

dadih

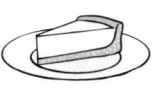

kook

kue

muna

telur

praemuna

telur goreng

juust

keju

jäätis

eskrim

suhkur

gula

mesi

madu

moos

selai

pähklivõie

krim nugat

karri

kare

talu

pertanian

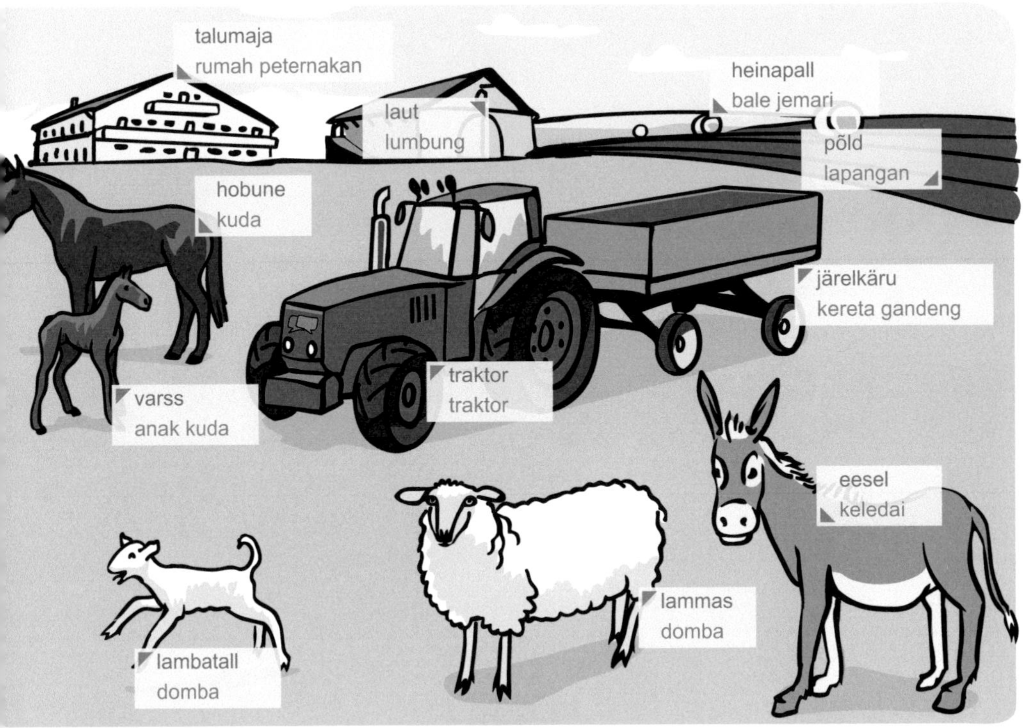
talumaja
rumah peternakan
laut
lumbung
heinapall
bale jemari
põld
lapangan
hobune
kuda
järelkäru
kereta gandeng
traktor
traktor
varss
anak kuda
eesel
keledai
lammas
domba
lambatall
domba

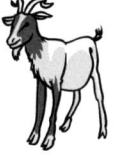

kits

kambing

lehm

sapi

vasikas

betis

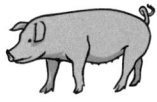

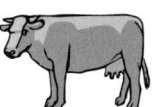

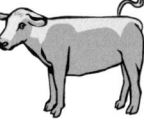

siga

babi

põrsas

celeng

pull

banteng

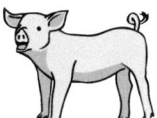

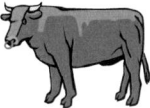

hani

angsa

part

bebek

tibu

anak ayam

kana

ayam

kukk

ayam jantan

rott

tikus

kass

kucing

hiir

tikus

härg

lembu

koer

anjing

koerakuut

rumah anjing

aiavoolik

selang

kastekann

penyiram

vikat

sabit

ader

bajak

sirp

sabit

kõblas

cangkul

hang

garpu rumput

kirves

kapak

käru

gerobak

küna

palung

piimanõu

kaleng susu

kott

karung

tara

pagar

tall

kandang

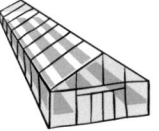

kasvuhoone

rumah kaca

muld

tanah

seeme

benih

väetis

pupuk

kombain

mesin pemanen

saaki koristama

panen

saagikoristus

panen

jamss

yams

nisu

gandum

soja

kedelai

kartul

kentang

mais

jagung

raps

lobak

viljapuu

pohon buah

maniokk

singkong

teravili

sereal

maja
rumah

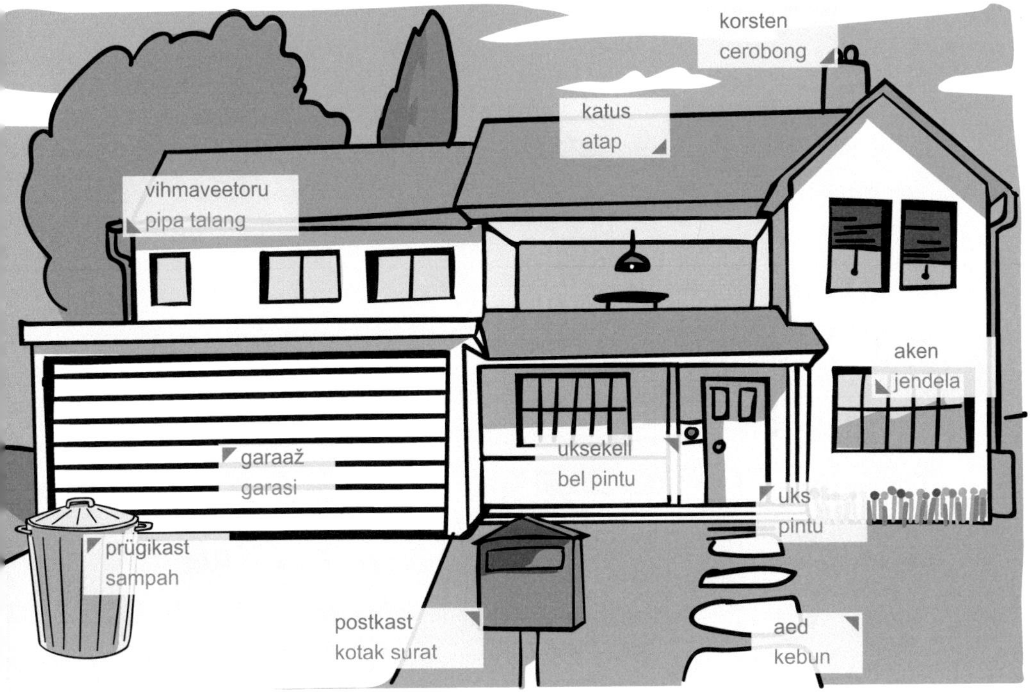

korsten
cerobong
katus
atap
vihmaveetoru
pipa talang
aken
jendela
garaaž
garasi
uksekell
bel pintu
uks
pintu
prügikast
sampah
postkast
kotak surat
aed
kebun

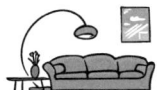

elutuba

ruang tamu

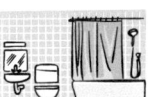

vannituba

kamar mandi

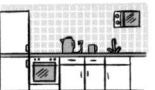

köök

dapur

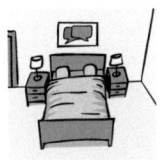

magamistuba

kamar tidur

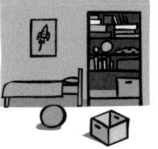

lastetuba

kamar anak

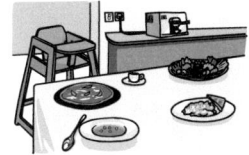

söögituba

kamar makan

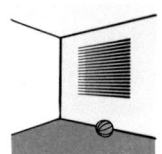

põrand

lantai

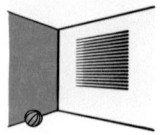

sein

tembok

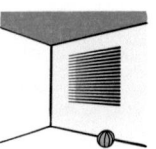

lagi

atap

kelder

gudang di bawah tanah

saun

sauna

rõdu

balkon

terrass

teras

bassein

kolam renang

muruniiduk

mesin pemotong rumput

voodilina

sprei

päevatekk

selimut

voodi

tempat tidur

luud

sapu

ämber

ember

lüliti

tombol

elutuba

ruang tamu

tapeet
kertas dinding
pilt
gambar
lamp
lampu
riiul
rak
kapp
kabinet
televiisor
televisi
kamin
perapian
lill
bunga
padi
bantal
diivan
sofa
vaas
vas
kaugjuhtimispult
remote control

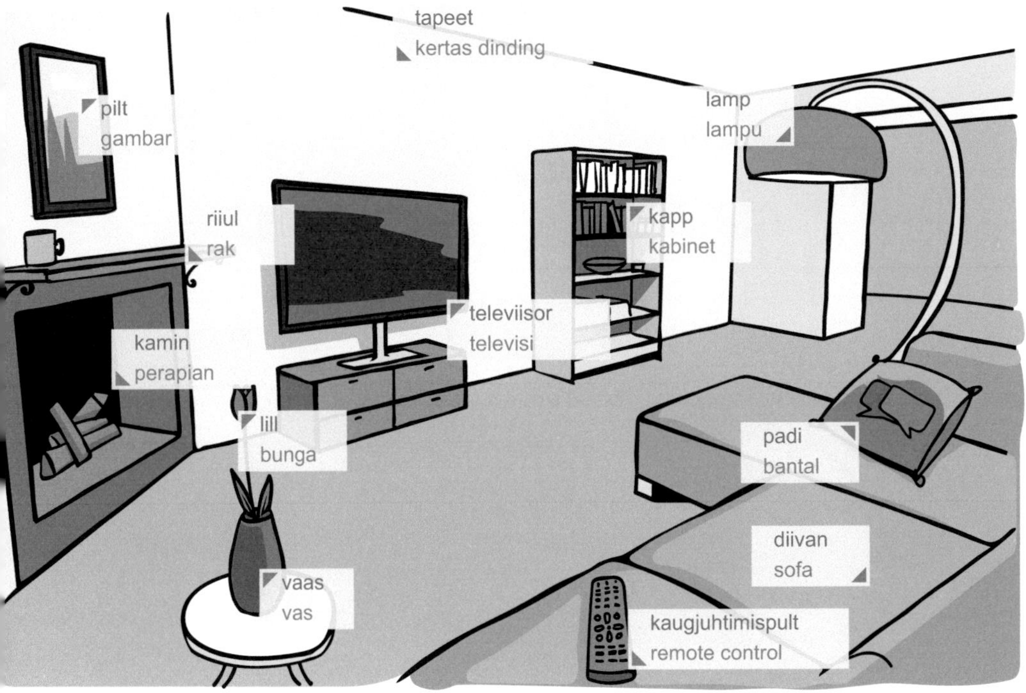

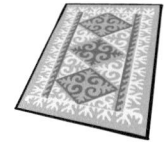

vaip
karpet

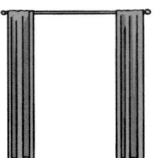

kardin
korden

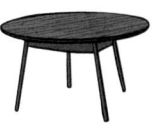

laud
meja

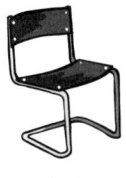

tool
kursi

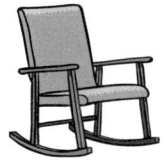

kiiktool
kursi goyang

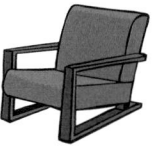

tugitool
kursi malas

raamat

buku

tekk

selimut

kaunistus

dekorasi

küttepuud

kayu bakar

film

filem

helisüsteem

hi-fi

võti

kunci

ajaleht

koran

maal

lukisan

plakat

poster

raadio

radio

märkmik

buku tulis

tolmuimeja

penyedot debu

kaktus

kaktus

küünal

lilin

köök - dapur 35

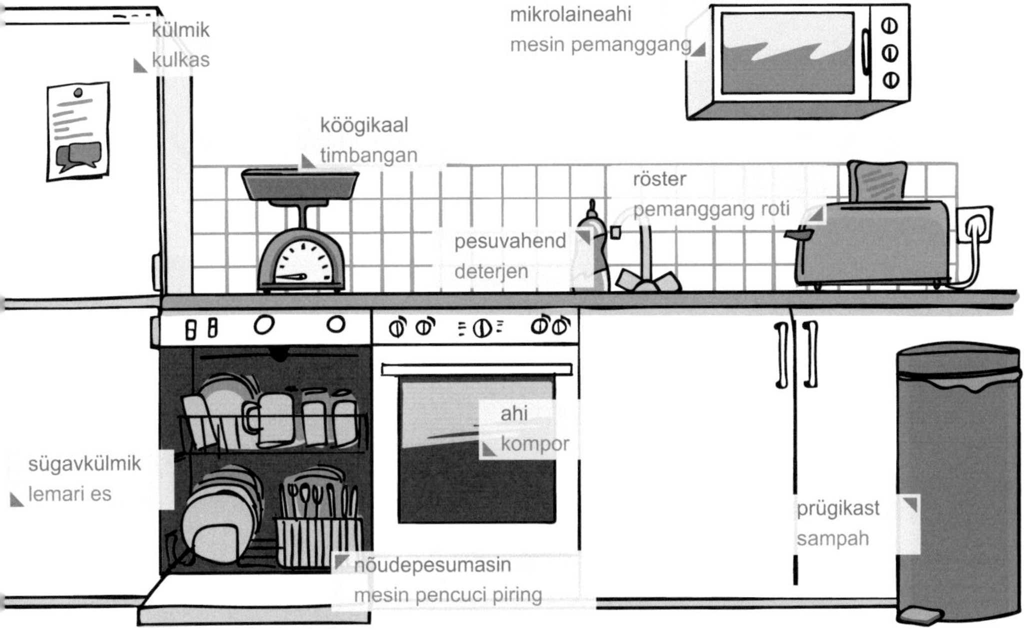

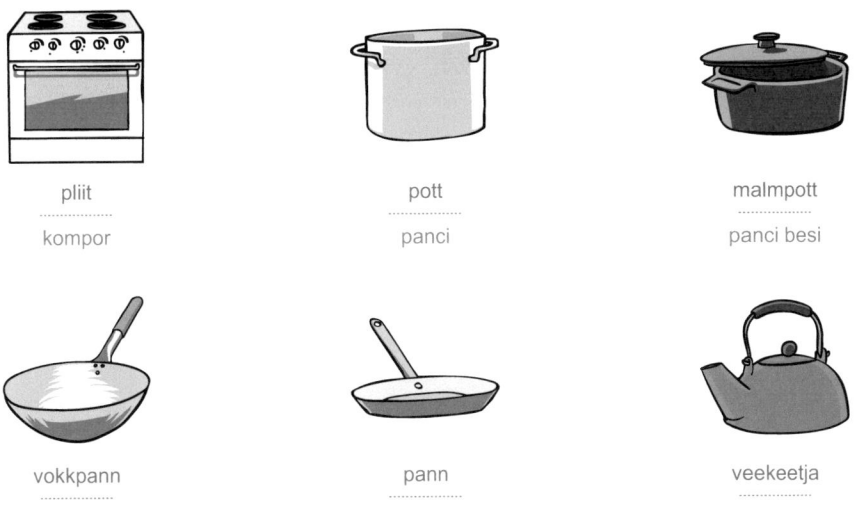

kü
lmik
kulkas

mikrolaineahi
mesin pemanggang

 köögikaal
timbangan

röster
pemanggang roti

pesuvahend
deterjen

sügavkülmik
lemari es

ahi
kompor

prügikast
sampah

nõudepesumasin
mesin pencuci piring

pliit	pott	malmpott
kompor	panci	panci besi
vokkpann	pann	veekeetja
wajan	panci	pemanas air

aurutaja

panci pengukus makanan

küpsetusplaat

nampan

lauanõud

piring

kruus

cangkir

kauss

mangkok

söögipulgad

sumpit

kulp

sendok sup

pannilabidas

sudip

vispel

mengocok

kurn

saringan

sõel

saringan

riiv

parutan

uhmer

mortir

grill

barbeque

lahtine tuli

api terbuka

lõikelaud

papan memotong

tainarull

gilingan

korgitser

alat pembuka botol

konservipurk

kaleng

konserviavaja

pembuka kaleng

pajakinnas

pegangan panci

kraanikauss

wastafel

hari

sikat

pesukäsn

busa

kannmikser

mesin pencampur

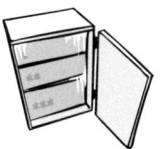

sügavkülmuti

lemari es

lutipudel

botol bayi

segisti

keran

vannituba
kamar mandi

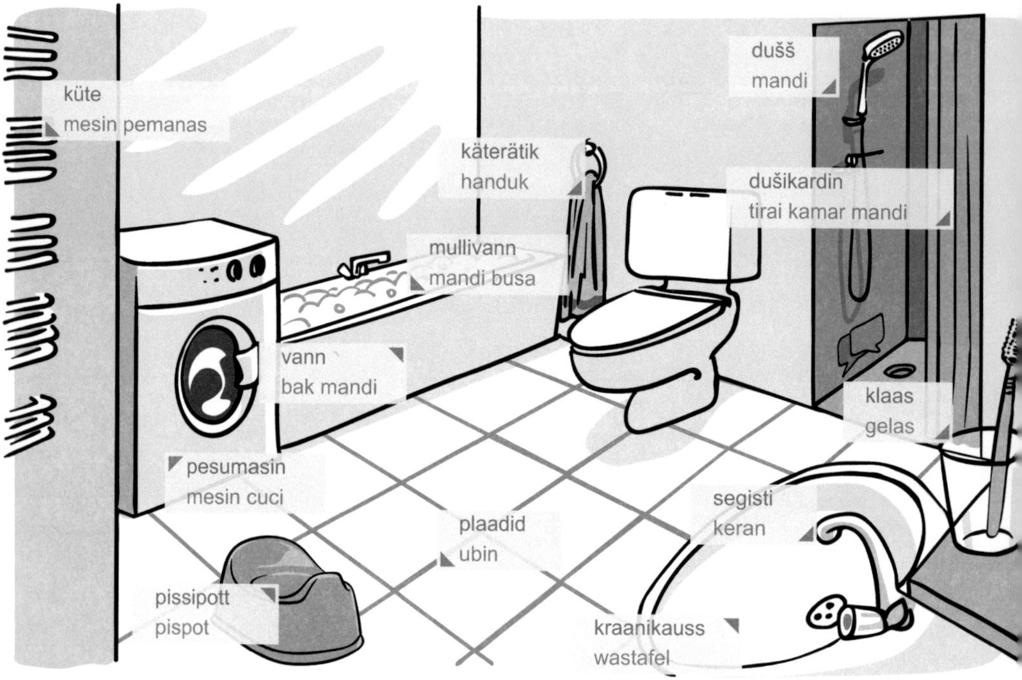

küte
mesin pemanas

dušš
mandi

käterätik
handuk

dušikardin
tirai kamar mandi

mullivann
mandi busa

vann
bak mandi

klaas
gelas

pesumasin
mesin cuci

segisti
keran

plaadid
ubin

pissipott
pispot

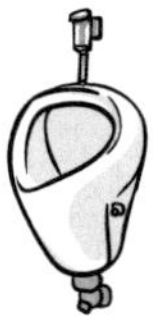

kraanikauss
wastafel

WC-pott	kükitamistualett	bidee
toilet	toilet jongkok	bidet

pissuaar	tualettpaber	WC-hari
pissoir	kertas toilet	sikat toilet

hambahari

sikat gigi

hambapasta

pasta gigi

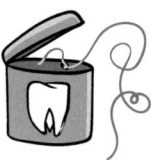

hambaniit

benang gigi

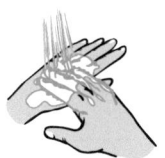

pesema

menyuci

käsidušš

pancuran tangan

intiimdušš

pancuran

pesukauss

bak

seljahari

sikat punggung

seep

sabun

dušigeel

gel mandi

šampoon

sampo

vamm

planel

äravool

kuras

kreem

krim

deodorant

deodoran

peegel
kaca

käsipeegel
cermin tangan

habemenuga
pisau cukur

raseerimisvaht
busa cukur

habemevesi
aftershave

kamm
sisir

hari
sikat

föön
alat pengering rambut

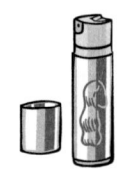

juukselakk
semprot rambut

meigikomplekt
makeup

huulepulk
lipstik

küünelakk
cat kuku

vatt
kapas

küünekäärid
gunting kuku

parfüüm
minyak wangi

tualett-tarvete kott

kantong pencuci

taburet

bangku

kaal

timbangan

hommikumantel

mantel mandi

kummikindad

sarung tangan karet

tampoon

tampon

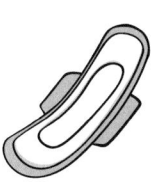

hügieeniside

handuk pembalut

keemiline tualett

toilet kimia

lastetuba

kamar anak

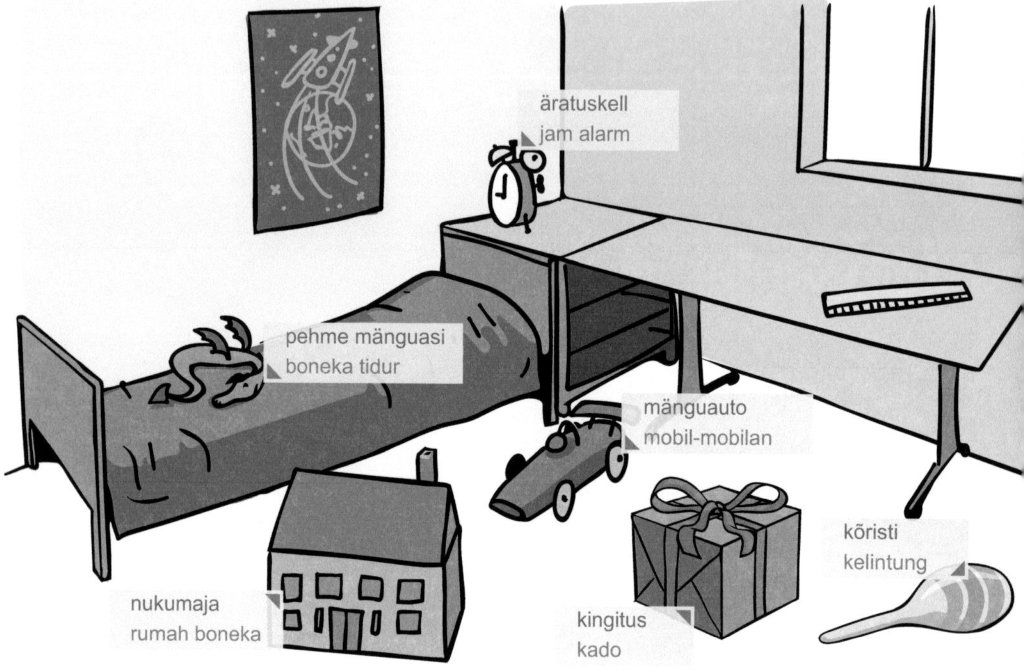
äratuskell
jam alarm
pehme mänguasi
boneka tidur
mänguauto
mobil-mobilan
kõristi
kelintung
nukumaja
rumah boneka
kingitus
kado

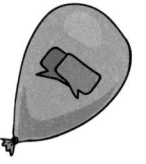

õhupall

balon

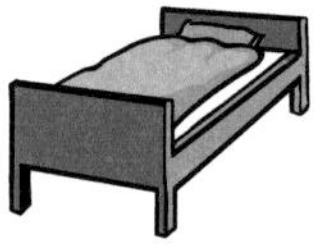

voodi

tempat tidur

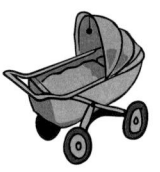

lapsevanker

kereta bayi

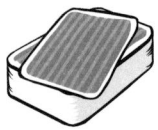

kaardipakk

mainan kartu

pusle

teka-teki

SUPER
MEGA

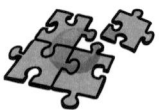

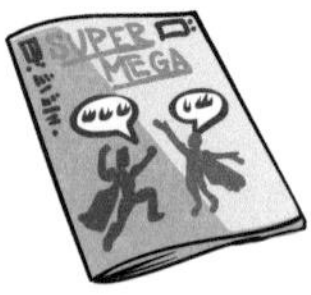

koomiks

komik

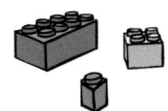

Lego klotsid

mainan lego

klotsid

blok mainan

kujuke

figur aksi

siputuspüksid

baju monyet

lendav taldrik

frisbee

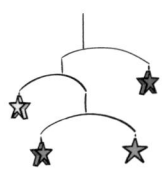

voodikarussell

mobile

lauamäng

permainan papan

täringud

dadu

mudelrong

set model kreta api

lutt

dot

pidu

pesta

pildiraamat

buku gambar

pall

bola

nukk

boneka

mängima

bermain

liivakast

tempat main pasir

kiik

ayunan

mänguasjad

mainan

mängukonsool

video game konsol

kolmerattaline jalgratas

sepeda roda tiga

mängukaru

teddy

riidekapp

lemari pakaian

riietus
pakaian

sokid

kaos kaki

sukad

kaos kaki

sukkpüksid

baju ketat

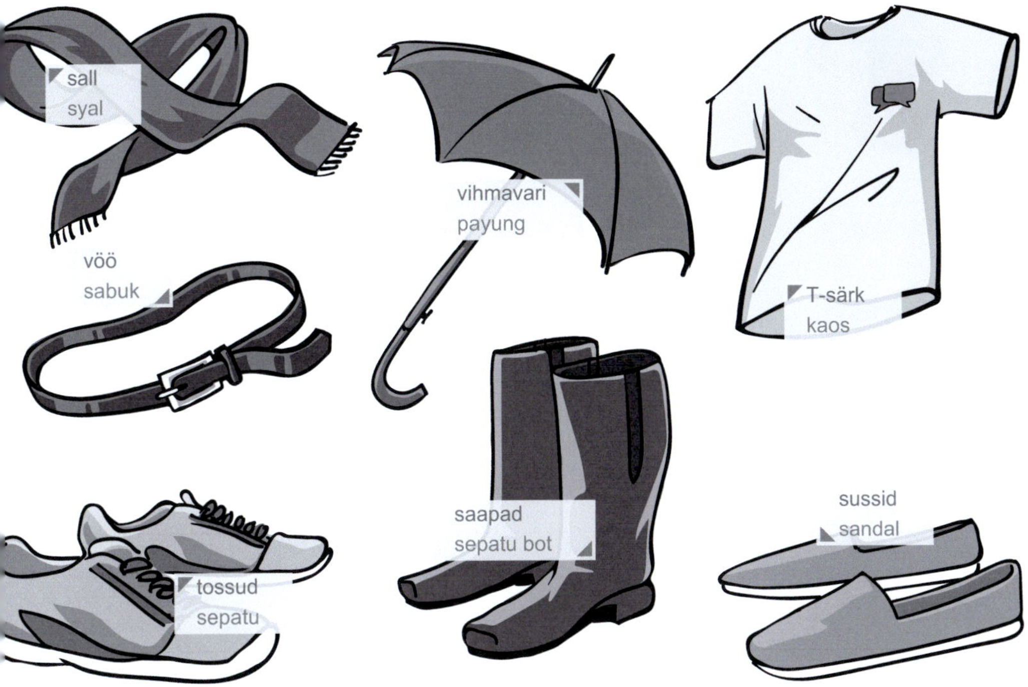

sall
syal

vihmavari
payung

T-särk
kaos

vöö
sabuk

saapad
sepatu bot

sussid
sandal

tossud
sepatu

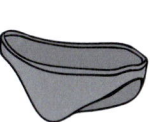
sandaalid
sandal

jalatsid
sepatu

kummikud
sepatu bot karet

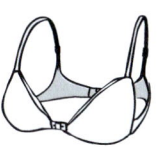
aluspüksid
celana dalam

rinnahoidja
BH

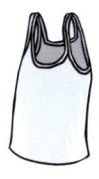
vest
baju rompi

bodi

body

püksid

celana

teksapüksid

jeans

seelik

rok

pluus

blus

särk

kemeja

sviiter

aket berkerudung

dressipluus

sweater

bleiser

jaket

jakk

jaket

mantel

mantel

vihmamantel

jas hujan

kostüüm

kostum

kleit

gaun

pulmakleit

gaun pengantin

ülikond

setelan resmi

öösärk

gaun tidur

pidžaama

piyama

sari

sari

pearätt

jilbab

turban

turban

burka

burka

kaftan

kaftan

abayah

abaya

ujumistrikoo

pakaian renang

ujumispüksid

celana renang

lühikesed püksid

celana pendek

dressid

olah raga

põll

celemek

kindad

sarung tangan

nööp

kancing

prillid

kacamata

käevõru

gelang

kaelakee

kalung

sõrmus

cincin

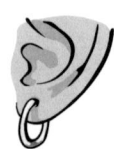

kõrvarõngas

anting

nokamüts

topi

riidepuu

gantungan mantel

kaabu

topi

lips

dasi

tõmblukk

ritsleting

kiiver

helm

traksid

tali selempang

koolivorm

seragam sekolah

vormirõivad

seragam

pudipõll

oto

lutt

dot

mähe

popok

kontor
kantor

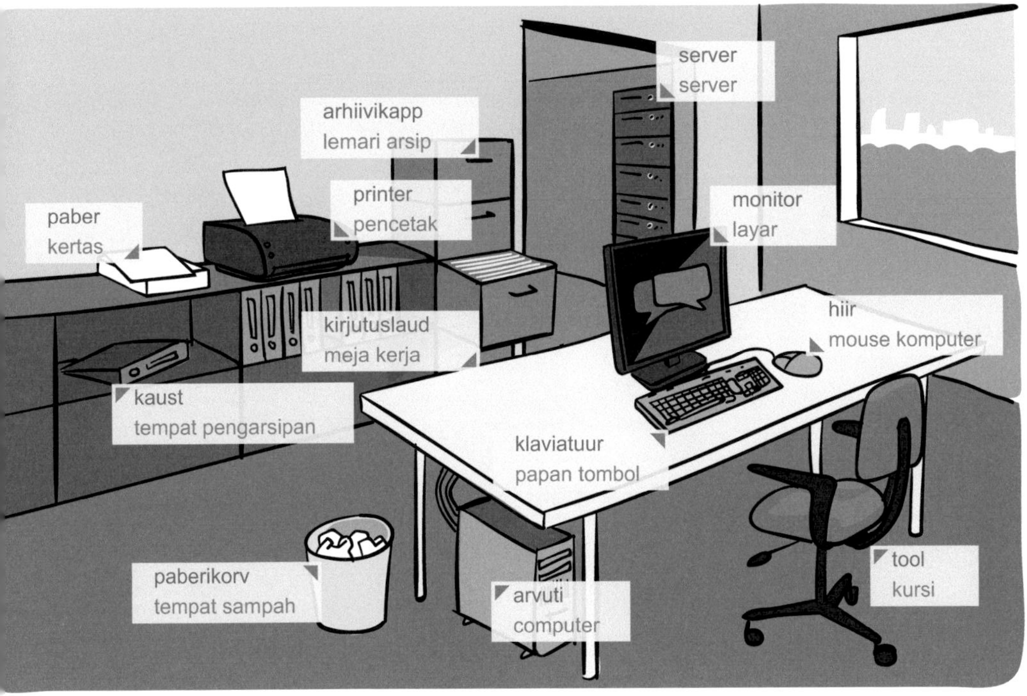

server
server

arhiivikapp
lemari arsip

printer
pencetak

monitor
layar

paber
kertas

hiir
mouse komputer

kirjutuslaud
meja kerja

kaust
tempat pengarsipan

klaviatuur
papan tombol

paberikorv
tempat sampah

arvuti
computer

tool
kursi

kohvikruus

cangkir kopi

kalkulaator

kalkulator

internet

internet

sülearvuti

laptop

kiri

surat

sõnum

pesan

mobiiltelefon

telepon seluler

võrk

jaringan

koopiamasin

fotokopi

tarkvara

software

telefon

telepon

pistikupesa

plug soket

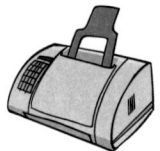

faksimasin

mesin fax

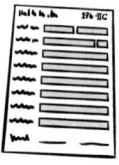

vorm

formulir

dokument

dokumen

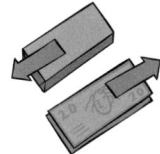

ostma

membeli

maksma

membayar

vahetama

berdagang

raha

uang

dollar

Dollar

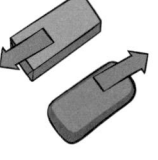

euro

Euro

jeen

Yen

rubla

Rubel

Šveitsi frank

Franc Swiss

renminbi jüaan

Renminbi Yuan

ruupia

Rupiah

sularahaautomaat

ATM

valuutavahetuspunkt

kantor pertukaran mata uang

kuld

emas

hõbe

perak

nafta

minyak

energia

energi

hind

harga

leping

kontrak

maks

pajak

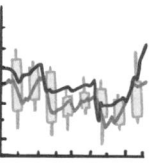

aktsia

saham

töötama

bekerja

töötaja

karyawan

tööandja

majikan

tehas

pabrik

kauplus

toko

52

majandus - ekonomi

ametid
pekerjaan

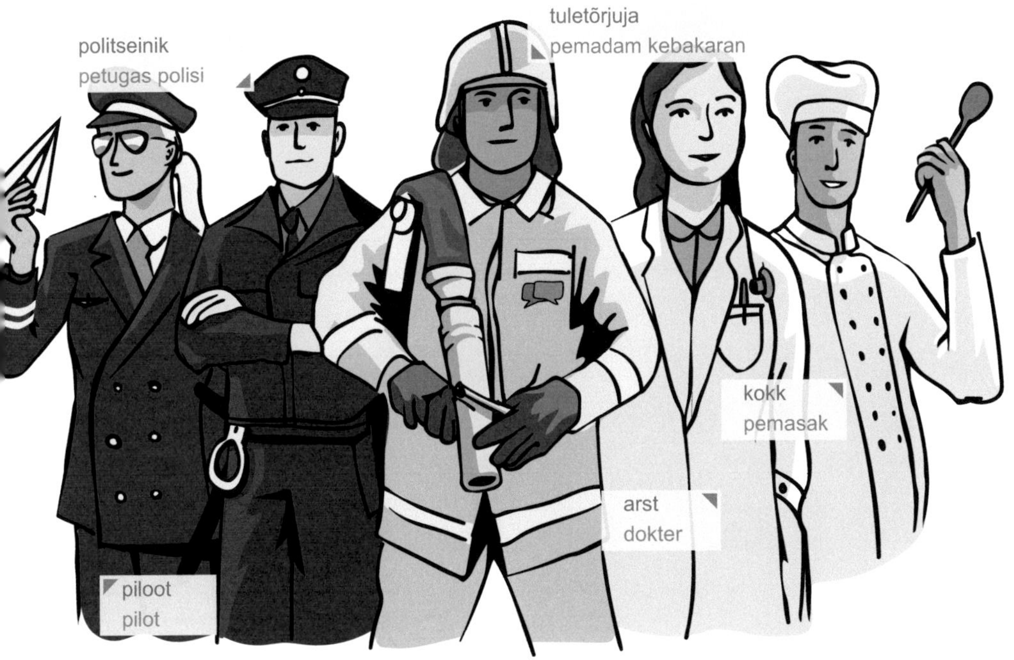

politseinik
petugas polisi
tuletõrjuja
pemadam kebakaran
kokk
pemasak
arst
dokter
piloot
pilot

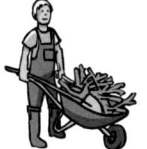

aednik

tukan kebun

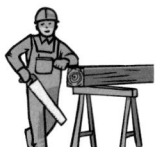

puusepp

tukang kayu

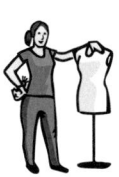

õmbleja

penjahit wanita

kohtunik

hakim

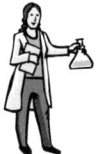

keemik

ahli kimia

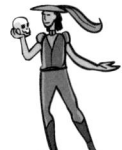

näitleja

aktor

bussijuht

sopir bis

taksojuht

sopir taksi

kalamees

nelayan

koristaja

pembantu

katusepaigaldaja

tukang atap

kelner

pelayan

jahimees

pemburu

maaler

pelukis

pagar

tukang roti

elektrik

tukang listrik

ehitaja

pembangun

insener

insinyur

lihunik

tukang daging

torumees

tukang ledeng

postiljon

tukang pos

sõdur
tentara

arhitekt
arsitek

kassapidaja
kasir

lillemüüja
penjual bunga

juuksur
penata rambut

piletikontrolör
konduktor

mehaanik
montir

kapten
kapten

hambaarst
dokter gigi

teadlane
ilmuwan

rabi
rabbi

imaam
imam

munk
biarawan

preester
pendeta

tööriistad
alat

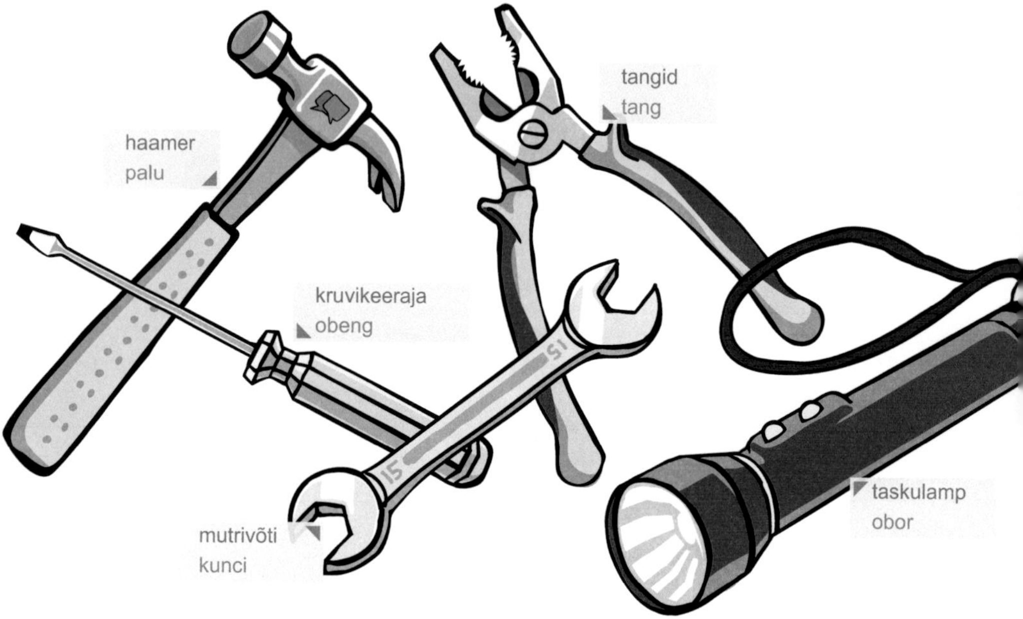
tangid
tang
haamer
palu
kruvikeeraja
obeng
taskulamp
obor
mutrivõti
kunci

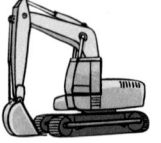

ekskavaator
penggali

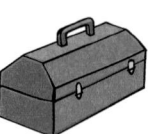

tööriistakast
tas perkakas

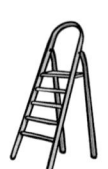

redel
tangga

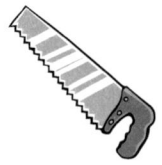

saag
gergaji

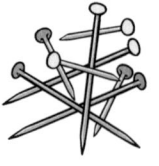

naelad
paku

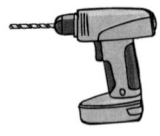

trell
bor

parandama

perbaikan

labidas

sekop

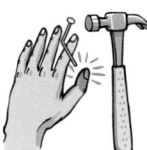

Põrgusse!

Sialan!

kühvel

cikrak

värvipott

pot cat

kruvid

sekrup

pillid

alat musik

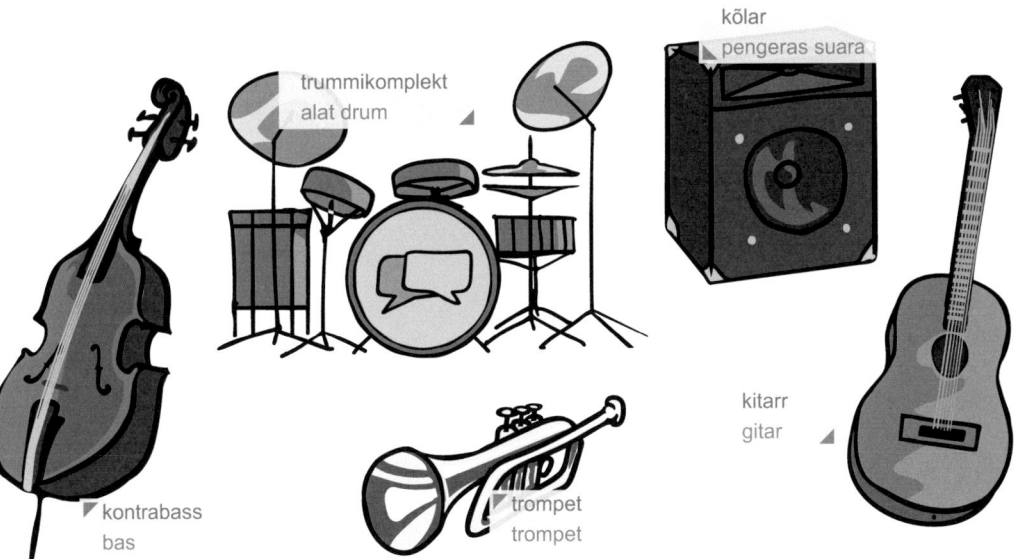

kõlar
pengeras suara

trummikomplekt
alat drum

kitarr
gitar

kontrabass
bas

trompet
trompet

klaver

piano

viiul

violin

bass

bass

timpan

tambur

trummid

drum

süntesaator

keyboard

saksofon

saksofon

flööt

suling

mikrofon

mikrofon

loomaaed
kebun binatang

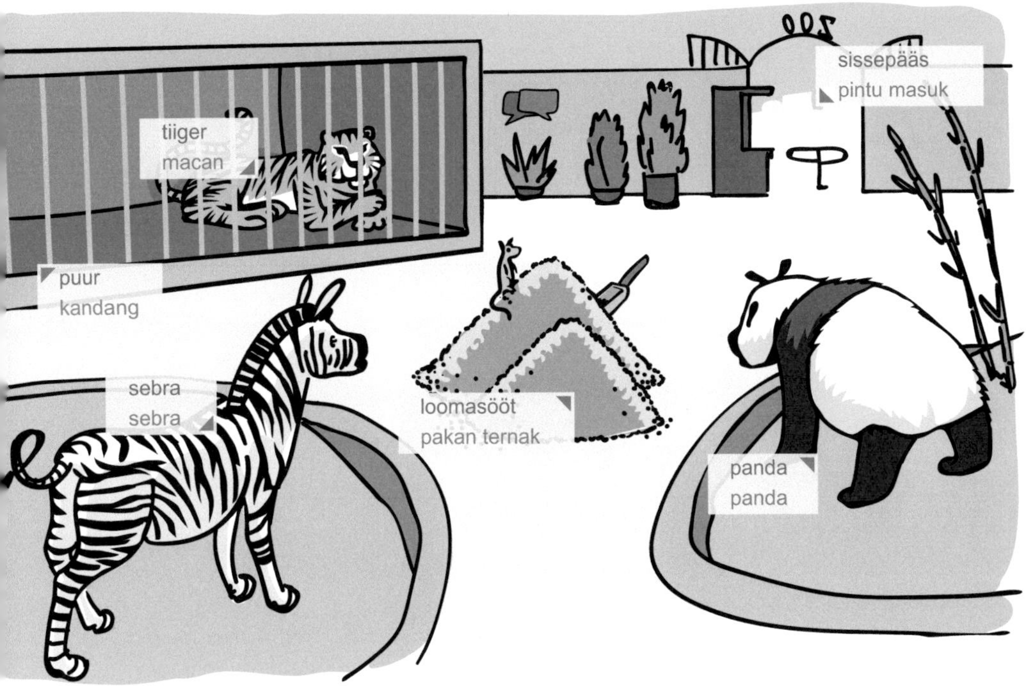
sissepääs
pintu masuk
tiiger
macan
puur
kandang
sebra
sebra
loomasööt
pakan ternak
panda
panda

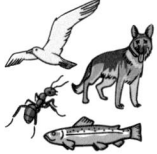

loomad

hewan

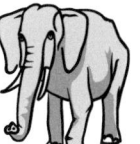

elevant

gajah

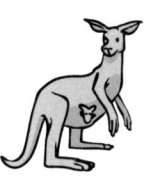

känguru

kanguru

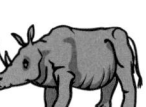

ninasarvik

badak

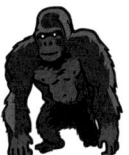

gorilla

gorila

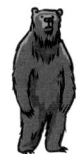

karu

beruang

kaamel

unta

jaanalind

burung unta

lõvi

singa

ahv

monyet

flamingo

flamingo

papagoi

burung beo

jääkaru

beruang polar

pingviin

penguin

hai

hiu

paabulind

merak

madu

ular

krokodill

buaya

loomaaiatalitaja

penjaga kebun binatang

hüljes

segel

jaaguar

jaguar

poni

kuda poni

leopard

macan tutul

jõehobu

kuda nil

kaelkirjak

jerapah

kotkas

burung elang

metssiga

babi jantan

kala

ikan

kilpkonn

kura-kura

morsk

anjing laut

rebane

rubah

gasell

kijang

Ameerika jalgpall
american football

jalgrattasõit
naik sepeda

tennis
tennis

korvpall
basketbal

ujumine
bernang

poksimine
tinju

jäähoki
hoki es

jalgpall
sepak bola

sulgpall
badminton

kergejõustik
atletik

käsipall
bola tangan

suusatamine
main ski

polo
polo

tegevused
aktivitas

hüppama
meloncat
kallistama
memeluk
naerma
ketawa
jalutama
berjalan
laulma
menyanyi
unistama
mengimpi
palvetama
berdoa
suudlema
mencium

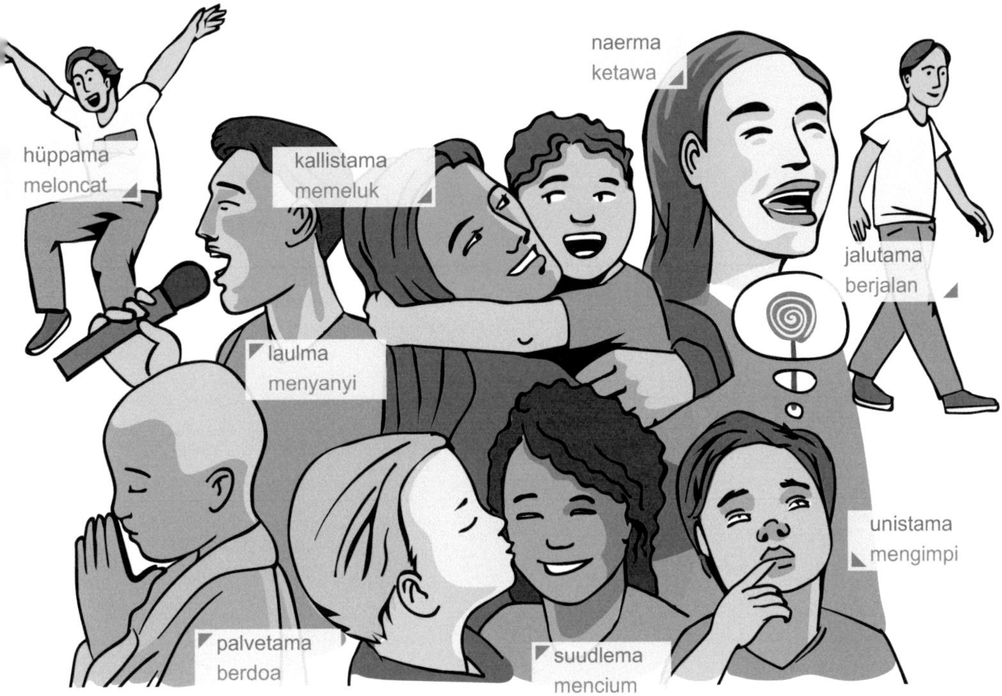

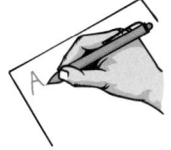

kirjutama

menulis

joonistama

melukis

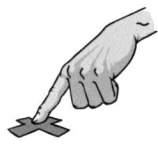

näitama

menunjuk

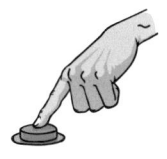

lükkama

mendorong

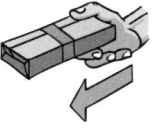

andma

memberikan

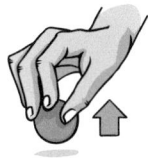

võtma

mengambil

omama

mempunyai

tegema

melakukan

olema

adalah

seisma

berdiri

jooksma

berlari

tõmbama

menarik

viskama

melempar

kukkuma

jatuh

lamama

tidur

ootama

menunggu

kandma

membawa

istuma

duduk

riidesse panema

berpakaian

magama

tidur

ärkama

bangun

vaatama

melihat

nutma

menangis

paitama

mengelus

kammima

menyisir

rääkima

berbicara

aru saama

mengerti

küsima

menanyak

kuulama

mendengar

jooma

minum

sööma

makan

korrastama

merapikan

armastama

cinta

süüa tegema

memasak

sõitma

menyetir

lendama

terbang

purjetama

berlayar

arvutama

menghitung

lugema

membaca

õppima

belajar

töötama

bekerja

abielluma

menikah

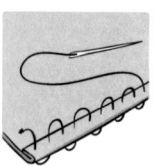

õmblema

menjahit

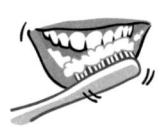

hambaid pesema

sikat gigi

tapma

membunuh

suitsetama

merokok

saatma

kirim

perekond
keluarga

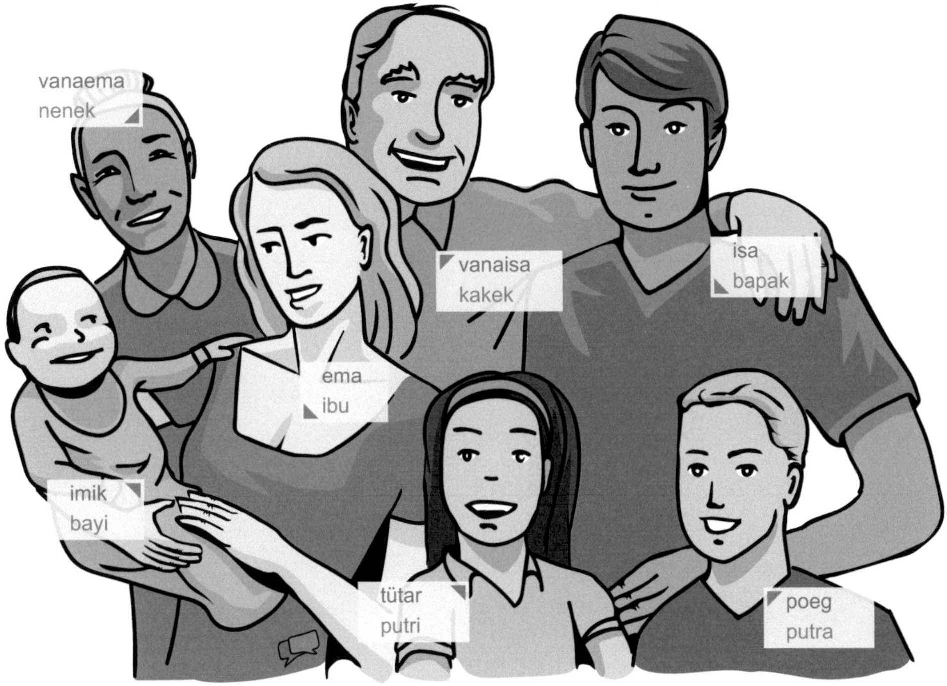

vanaema
nenek
vanaisa
kakek
isa
bapak
ema
ibu
imik
bayi
tütar
putri
poeg
putra

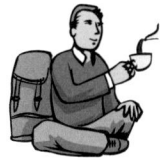

külaline

tamu

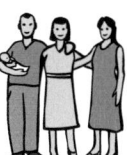

tädi

bibi

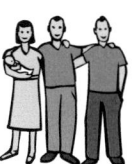

onu

paman

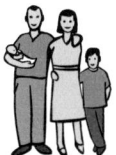

vend

kakak laki

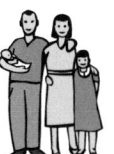

õde

kakak perempuan

keha

badan

otsmik
dahi
silm
mata
õlg
bahu
sõrm
jari
nägu
muka
lõug
dagu
käsi
tangan
jalg
kaki
rind
payudara
käsivars
lengan

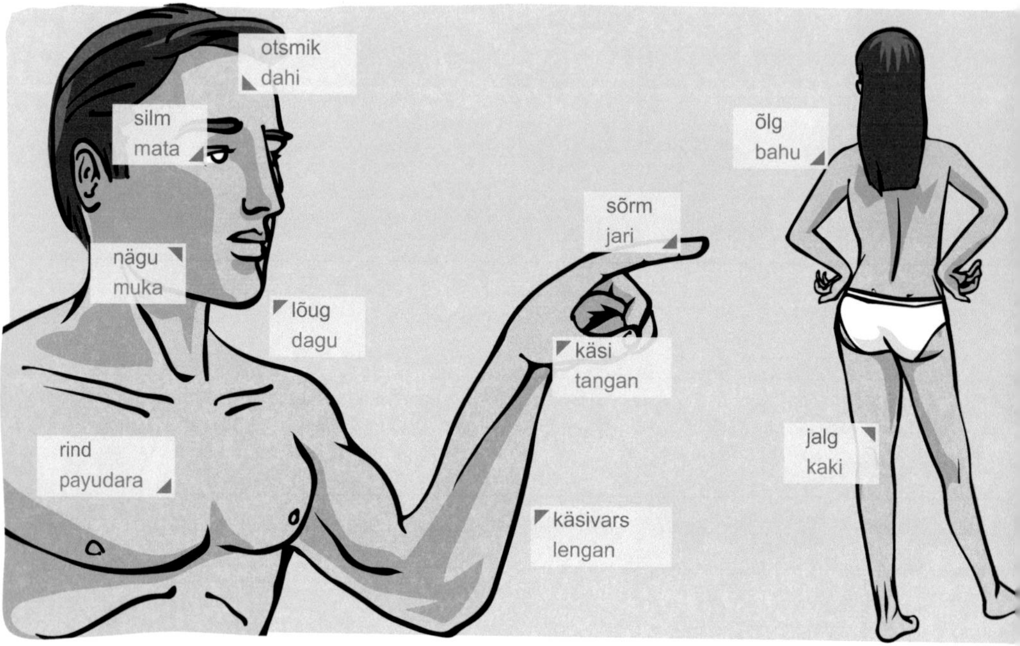

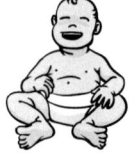

imik

bayi

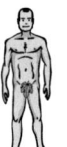

mees

pria

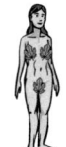

naine

wanita

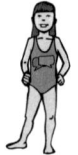

tüdruk

perempuan

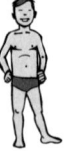

poiss

laki

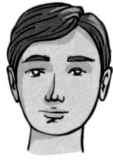

pea

kepala

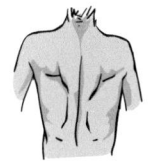

selg

punggung

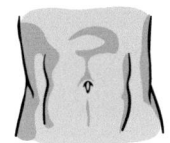

kõht

perut

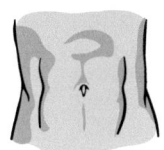

naba

pusar

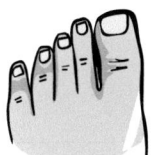

varvas

toe

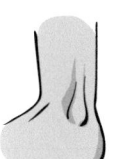

kand

tumit

luu

tulang

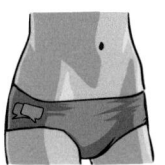

puus

pinggang

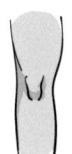

põlv

lutut

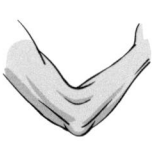

küünarnukk

siku

nina

hidung

tagumik

pantat

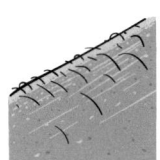

nahk

kulit

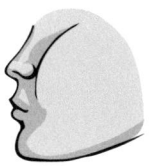

põsk

pipi

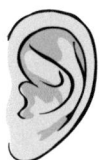

kõrv

telinga

huuled

bibir

suu

mulut

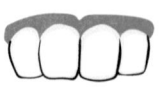

hammas

gigi

keel

lidah

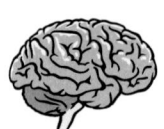

aju

otak

süda

jantung

lihas

otot

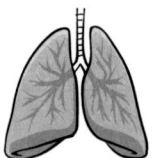

kops

paru-paru

maks

hati

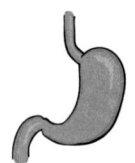

magu

stomach

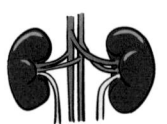

neerud

ginjal

seksuaalvahekord

hubungan seks

kondoom

kondom

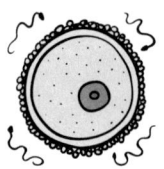

munarakk

sel telur

sperma

sperma

rasedus

kehamilan

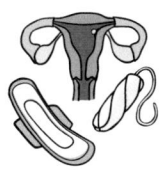

menstruatsioon
menstruasi

vagiina
vagina

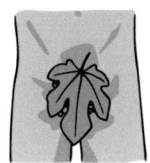

peenis
penis

kulm
alis

juuksed
rambut

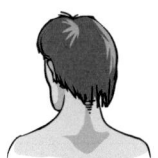

kael
leher

haigla
rumah sakit

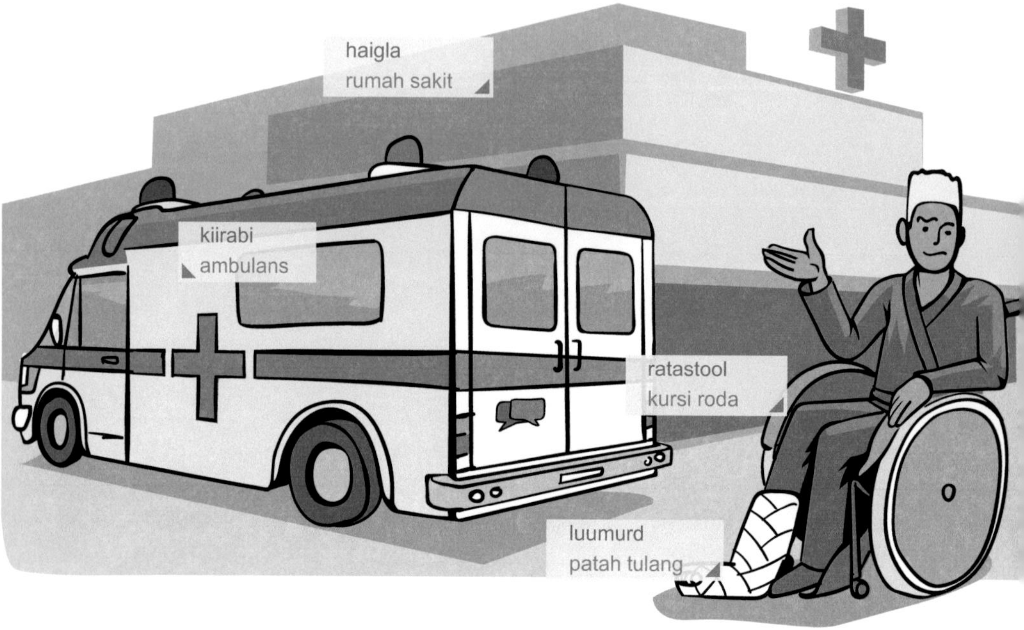

haigla
rumah sakit
kiirabi
ambulans
ratastool
kursi roda
luumurd
patah tulang

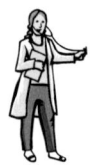

arst
dokter

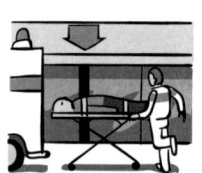

traumapunkt
ruang darurat

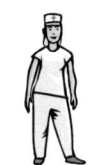

meditsiiniõde
perawat

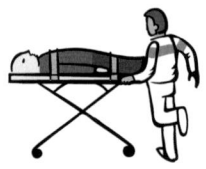

hädaolukord
darurat

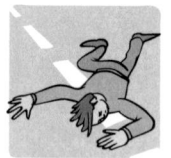

teadvuseta
semaput

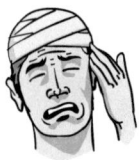

valu
sakit

vigastus

cedera

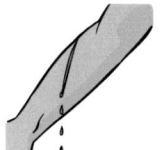

verejooks

perdarahan

südamerabandus

serangan jantung

insult

stroke

allergia

alergi

köha

batuk

palavik

demam

gripp

flu

kõhulahtisus

diare

peavalu

sakit kepala

vähk

kanker

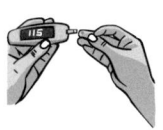

diabeet

diabetes

kirurg

ahli bedah

skalpell

pisau bedah

operatsioon

operasi

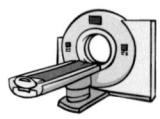

KT

CT

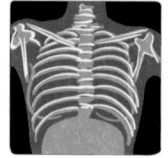

röntgen

sinar x

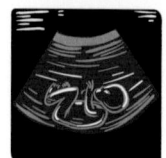

ultraheli

usg

mask

topeng

haigus

penyakit

ooteruum

ruang tunggu

kark

penyokong

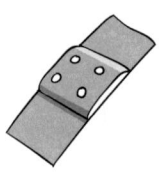

kips

plester

side

perban

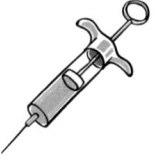

süst

injeksi

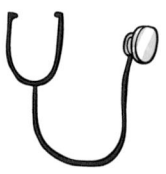

stetoskoop

stetoskop

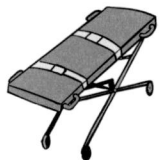

kanderaam

usungan

kraadiklaas

termometer klinis

sünd

kelahiran

ülekaaluline

kelebihan berat badan

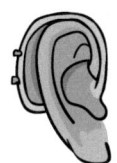

kuuldeaparaat

alat pendengar

desinfektsioonivahend

desinfektan

põletik

infeksi

viirus

virus

HIV / AIDS

HIV / AIDS

meditsiin

obat

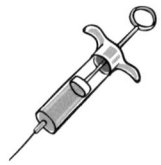

vaktsineerimine

vaksinasi

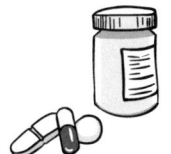

tabletid

tablet

pill

pil

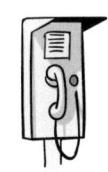

hädaabikõne

panggilan darurat

vererõhuaparaat

ukur tekanan darah

haige / terve

sakit / sehat

Appi!

Tolong!

häire

alarm

kallaletung

penyerbuan

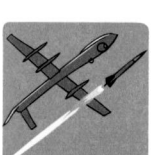

rünnak

serangan

oht

bahaya

avariiväljapääs

pintu darurat

Tulekahju!

Api!

tulekustuti

alat pemadam kebakaran

õnnetus

kecelakaan

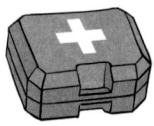

esmaabikomplekt

kit pertolongan pertama

SOS

SOS

politsei

polisi

Euroopa

Eropa

Põhja-Ameerika

Amerika Utara

Lõuna-Ameerika

Amerika Selatan

Aafrika

Afrika

Aasia

Asia

Austraalia

Australi

Atlandi ookean

Atlantik

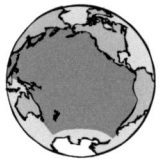

Vaikne ookean

Pasifik

India ookean

Samudra India

Lõuna-Jäämeri

Samudra Antartika

Põhja-Jäämeri

Samudra Arktik

põhjapoolus

kutub utara

lõunapoolus

kutub selatan

Antarktika

Antarktika

Maa

bumi

maismaa

tanah

meri

laut

saar

pulau

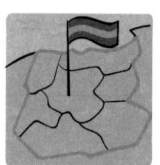

rahvus

bangsa

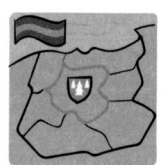

riik

negara

sihverplaat

jam wajah

tunniosuti

jarum pendek

minutiosuti

jarum menit

sekundiosuti

jarum detik

Mis kell on?

Jam berapa?

päev

hari

aeg

waktu

praegu

sekarang

digitaalne kell

jam digital

minut

menit

tund

jam

nädal
minggu

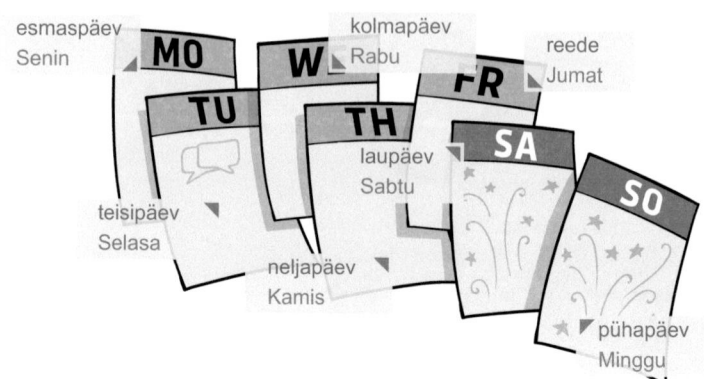

esmaspäev
Senin

kolmapäev
Rabu

reede
Jumat

teisipäev
Selasa

laupäev
Sabtu

neljapäev
Kamis

pühapäev
Minggu

eile
....
kemaren

täna
....
hari ini

homme
....
besok

hommik
....
pagi

lõuna
....
siang

õhtu
....
malam

MO	TU	WE	TH	FR	SA	SU
1	2	3	4	5	6	7
8	9	10	11	12	13	14
15	16	17	18	19	20	21
22	23	24	25	26	27	28
29	30	31	1	2	3	4

tööpäevad
....
hari kerja

MO	TU	WE	TH	FR	SA	SU
1	2	3	4	5	6	7
8	9	10	11	12	13	14
15	16	17	18	19	20	21
22	23	24	25	26	27	28
29	30	31	1	2	3	4

nädalavahetus
....
akhir minggu

nädal - minggu

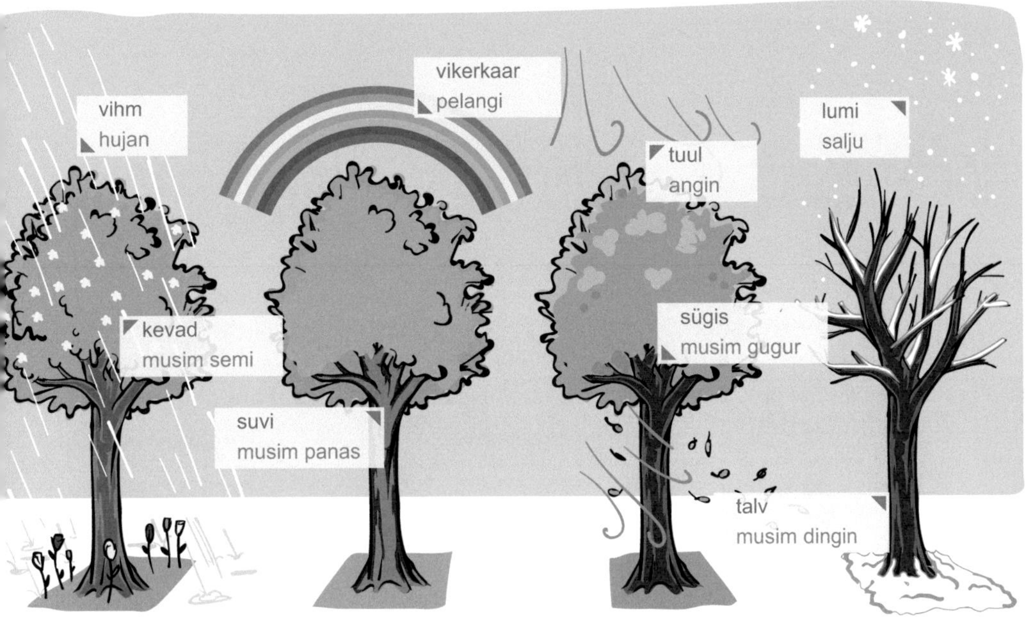

vihm
hujan

vikerkaar
pelangi

lumi
salju

tuul
angin

kevad
musim semi

sügis
musim gugur

suvi
musim panas

talv
musim dingin

ilmaennustus
ramalan cuaca

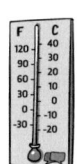

termomeeter
termometer

päikesepaiste
matahari

pilv
awan

udu
kabut

niiskus
kelembahan

pikne

kilat

kõu

guntur

torm

badai

rahe

hujan es

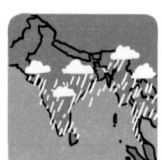

mussoon

monsun

üleujutus

banjir

jää

es

jaanuar

Januari

veebruar

Februari

märts

Maret

aprill

April

mai

Mei

juuni

Juni

juuli

Juli

august

Agustus

september
....
September

oktoober
....
Oktober

november
....
November

detsember
....
Desember

ring
....
lingkaran

ruut
....
persegi

nelinurk
....
persegi panjang

kolmnurk
....
segi tiga

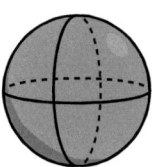

kera
....
bola

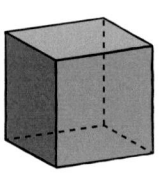

kuup
....
kubus

valge

putih

kollane

kuning

oranž

oranye

roosa

pink

punane

merah

lilla

ungu

sinine

biru

roheline

hijau

pruun

coklat

hall

abu-abu

must

hitam

palju / vähe

banyak / sedikit

vihane / rahulik

marah / tenang

ilus / inetu

cantik / jelek

algus / lõpp

mulaih / selesai

suur / väike

besar / kecil

hele / tume

terang / gelap

vend / õde

saudara laki-laki / saudara perempuan

puhas / must

bersih / kotor

täielik / puudulik

lengkap / tidak lengkap

päev / öö

hari / malam

surnud / elus

mati / hidup

lai / kitsas

luas / sempit

söödav / mittesöödav

dapat dimakan / tidak dapat dimakan

kuri / sõbralik

jahat / baik

põnevil / tüdinud

bersemangat / bosan

paks / peenike

gemuk / kurus

esimene / viimane

pertama / terakhir

sõber / vaenlane

teman / musuh

täis / tühi

penuh / kosong

kõva / pehme

keras / lembut

raske / kerge

berat / enteng

nälg / janu

lapar / haus

haige / terve

sakit / sehat

ebaseaduslik / seaduslik

ilegal / legal

tark / rumal

cerdas / bodoh

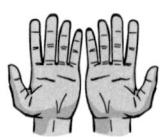

vasak / parem

kiri / kanan

lähedal / kaugel

dekat / jauh

vastandid - berlawanan

uus / kasutatud

baru / bekas

mitte midagi / midagi

tidak ada apapun / sesuatu

vana / noor

tua / muda

sees / väljas

nyala / mati

lahti / kinni

buka / tutup

vaikne / vali

tenang / keras

rikas / vaene

kaya / miskin

õige / vale

benar / salah

kare / sile

kasar / halus

kurb / rõõmus

sedih / gembira

lühike / pikk

pendek / panjang

aeglane / kiire

pelan-pelan / cepat

märg / kuiv

basah / kering

soe / jahe

hangat / sejuk

sõda / rahu

perang / damai

0

null
nol

1

üks
satu

2

kaks
dua

3

kolm
tiga

4

neli
empat

5

viis
lima

6

kuus
enam

7

seitse
tujuh

8

kaheksa
delapan

9

üheksa
sembilan

10

kümme
sepuluh

11

üksteist
sebelas

12

kaksteist

duabelas

13

kolmteist

tigabelas

14

neliteist

empatbelas

15

viisteist

limabelas

16

kuusteist

enambelas

17

seitseteist

tujuhbelas

18

kaheksateist

delapanbelas

19

üheksateist

sembilanbelas

20

kakskümmend

duapuluh

100

sada

seratus

1.000

tuhat

seribu

1.000.000

miljon

juta

inglise

Inggris

Ameerika inglise

bahasa Inggris Amerika

mandariini

bahasa Cina Mandarin

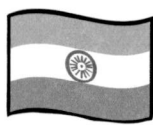

hindi

bahasa Hindi

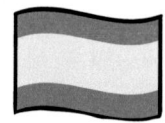

hispaania

bahasa Spanyol

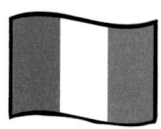

prantsuse

bahasa Perancis

araabia

bahasa Arab

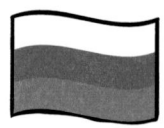

vene

bahasa Rusia

portugali

bahasa Portugis

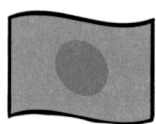

bengali

bahasa Bengal

saksa

bahasa Jerman

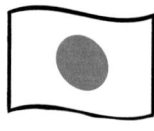

jaapani

bahasa Jepang

mina

saya

sina

kamu

tema

dia

meie

kita

teie

kalian

nemad

mereka

kes?

siapa?

mis?

apa?

kuidas?

begaimana?

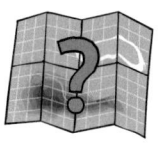

kus?

dimana?

millal?

kapan?

nimi

nama

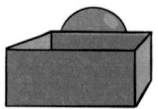

taga

dibelakang

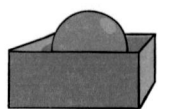

sees

di

ees

didepan

kohal

diatas

peal

diatas

all

dibawah

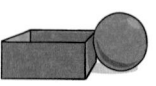

kõrval

sebelah

vahel

di antara

koht

tempat